诚信内蒙古建设

——商务诚信篇——

本书编写组

内蒙古人民出版社

图书在版编目（CIP）数据

诚信内蒙古建设 . 商务诚信篇 / 本书编写组编 .--
呼和浩特 : 内蒙古人民出版社，2024.3
（诚信内蒙古建设丛书）
ISBN 978-7-204-18040-0

Ⅰ . ①诚… Ⅱ . ①本… Ⅲ . ①商业信用 – 研究 –
内蒙古 Ⅳ. ① D648

中国国家版本馆 CIP 数据核字 (2024) 第 057284 号

诚信内蒙古建设 · 商务诚信篇

作　　者　本书编写组
责任编辑　王　静　董丽娟
封面设计　刘那日苏
内文插画　海日瀚
出版发行　内蒙古人民出版社
地　　址　呼和浩特市新城区中山东路 8 号波士名人国际 B 座五楼
网　　址　http://www.impph.cn
印　　刷　内蒙古恩科赛美好印刷有限公司
开　　本　880mm × 1230mm　1/32
印　　张　3.625
字　　数　52 千
版　　次　2024 年 3 月第 1 版
印　　次　2024 年 3 月第 1 次印刷
书　　号　ISBN 978-7-204-18040-0
定　　价　17.00 元

如出现印装质量问题，请与我社联系。
联系电话：（0471）3946120

前　言

习近平总书记指出，“‘诚信’，就是重规则、守契约、讲信用、言必信、行必果”，“‘人而无信，不知其可’；企业无信，则难求发展；社会无信，则人人自危；政府无信，则权威不立”。这些重要论述深刻阐明了诚信的基本内涵和诚信建设的重要性，为社会信用体系建设指明了方向、提供了遵循。

自治区党委十一届七次全会暨全区经济工作会议强调，要聚焦完成“五大任务”，坚持稳中求进、以进促稳、先立后破，全力抓好事关高质量发展的重点任务。全会提出，要实施好对全区经济发展和民生改善具有支撑性、牵引性、撬动性作用的“六个工程”，其中之一就是诚信建设工程。自治区党委把 2024 年确定为“诚信建设提升年”，将用一年时间在全区范围内持续推进诚信建设促进行动，建立健全诚信建设制度机制，推动各级党委和政府信守承诺，统筹推进政务诚信、商务诚信、社会诚信、司法公信建设，引导全社会不断提高诚信意识，树立内蒙古人讲诚信、守信用的正面形象。

为帮助全区广大党员干部深刻理解和系统把握习近平总书记关于诚信建设的重要论述和对内蒙古的重要指示精神，全面贯彻落实自治区党委关于诚信建设的安排部署，自治区党委宣传部组织自治区有关部门和专家学者编写了《诚信内蒙古建设》系列读物。

读物坚持以习近平新时代中国特色社会主义思想为指导，聚焦自治区党委提出的“一个加强、四个提升”工作部署，紧紧围绕贯彻落实《关于在全区开展诚信建设工程的实施方案》，对推进政务诚信、商务诚信、社会诚信、司法公信建设进行深入浅出的阐释解读。读物既致力于讲清政务诚信、商务诚信、社会诚信、司法公信建设“是什么”，又致力于讲透政务诚信、商务诚信、社会诚信、司法公信建设“为什么”，既客观描述“怎么看”我区在诚信建设各领域取得的成就，又结合区情实际探索今后诚信建设各领域“怎么办”，力求做到阐释理论清晰明了、总结成就客观中肯、提出举措务实具体、呈现形式新颖活泼。

新征程新使命呼唤新担当新作为。全区广大党员干部要坚持以习近平新时代中国特色社会主义思想为指导，紧紧围绕中国式现代化的本质要求，以铸牢中华民族共同体意识为主线，以社会主义核心价值观为引领，以中华优秀传统文化为根基，以提高全社会诚信意识和诚信水平为支撑，以持续优化营商环境为目标，扎实推进信用理念、信用制度、信用手段与国民经济体系各方面各环节相融合，引导全社会守信践诺，为办好两件大事，实现闯新路、进中游目标提供有力支撑。

目录

Contents

第一章 商务诚信概述

习语金句

“诚者，天之道也；思诚者，人之道也。”人无信不立，企业和企业家更是如此。社会主义市场经济是信用经济、法治经济。企业家要同方方面面打交道，调动人、财、物等各种资源，没有诚信寸步难行。由于种种原因，一些企业在经营活动中还存在不少不讲诚信甚至违规违法的现象。法治意识、契约精神、守约观念是现代经济活动的重要意识规范，也是信用经济、法治经济的重要要求。企业家要做诚信守法的表率，带动全社会道德素质和文明程度提升。

——习近平 2020 年 7 月 21 日在企业家座谈会上的讲话

引经据典

小信成则大信立。

——《韩非子》

自古驱民在信诚，一言为重百金轻。

——《商鞅》

一、商务诚信的涵义

诚信是人际交往中最基本的道德准则之一，也是当前经济社会处理人与人、人与企业、企业与企业、企业与社会公众之间关系的最重要的行为准则之一。特别是在现代市场经济条件下，诚信就是一个企业生存和发展的“通行证”。

商务诚信，广义上讲，是指商务活动主体在与自己相关的其他主体进行交往时，诚实守信，并获得其他主体的信任，其核心是诚实和信任；狭义上讲，是企业之间、企业与消费者之间和谐关系的体现，是社会信用体系的重要组成部分。

简单而言，商务诚信就是企业在市场活动中履行约定义务的意识和能力，是企业信誉状况、信贷能力和在市场中的公众形象等的综合体现。加强商务诚信建设，有利于规范企业市场经济行为，有效防范经济欺诈等犯罪活动。

经验分享

呼和浩特市

厚植信用“软实力”提供发展“硬支撑”

自2023年以来，内蒙古自治区呼和浩特市聚焦优化营商环境和扩大内需战略，扎实推进以信用惠民为理念、以平台建设为基础、以数据征集为抓手、以联合奖惩为核心、以信用监管为重点的“五位一体”建设，形成全市信用高质量发展新格局。

围绕“五位一体”建设方针，呼和浩特市构建“1234”社会信用体系模式，即1个工作专班，呼和浩特市社会信用信息平台和“信用中国（呼和浩特）”网站2个载体，政府带头示范、行业监管示范、诚信典型示范 3 个示范工程，政务、商务、社会和司法 4 个领域。同时，呼和浩特市一体化推进部门、行业、区域联动，形成数据汇集、惠民便企、社会共建的信用建设格局。

围绕立信、管信、用信环节，呼和浩特市出台了《推进社会信用体系建设高质量发展促进形成新发展格局的实施方案》《呼和浩特市公共信用信息目录（2023 年版）》等系列文件。

同时，按照“两网、三库、一平台、N 应用”的建设思路，呼和浩特市已建成上下贯通、横向联通、全面覆盖的社会信用信息平台，全量归集市场主体信用基础信息，实现了数据处理的流程化、业务流程的规范化，信用信息共享的便捷性得到大幅提升。

此外，呼和浩特市在市场监管、税务等 23 个领域开展分级分类监管工作，提供信用修复服务 1316 次，归集各类“红黑名单”信息 2 万余条，推动各部门实施联合惩戒。

呼和浩特市组织开展“信易游”“信易贷”“信用＋科技创新”“信用＋电子保函”等 23 项守信激励服务，为更多守信主体提供便利。全市建立上下联动的诚信文化宣传教育机制，相继开展“诚信建设万里行”“信用宣传月”等百余场活动，选树并激励诚信典型企业近 5 万户，形成社会重信用、人人守信用的良好社会风气。

文章来源：信用中国网站（有改动）

二、商务诚信的常见形式

从本质上讲，商务诚信是基于主观上的诚实和客观上对承诺的兑现而产生的一种信赖关系。所谓主观上的诚实，是指在商务活动中，交易双方在主观心理上诚实守信，除了公平交易理念外，没有其他欺诈意图和目的；所谓客观上对承诺的兑现，是指商务活动主体应当对自己在交易中向对方作出的有效的意思表示负责，应当使之实际兑现。

商务诚信有多种形式，常见的有以下四种。

（一）信用销售

信用销售俗称赊销，是生活中常见的一种商务诚信形式。赊销是以信用为基础的销售，是指卖方与买方签订购货协议后，卖方让买方取走货物，而买方按照协议在规定日期付清货款或分期付清货款的一种交易形式。简单来说，就是卖方允许买方在购买商品或服务时，先拿到商品或先享受服务，之后再一次性或分期付清货款。这种形式对买方来说很方便，可以先享用商品或服务；但对卖方来说有风险，到期不还款的情况时有发生。

赊销作为一种“先用后付”的交易方式，适用于以下两种场景。

一种情况是，买家在购买一个不太熟悉且价格昂贵的产品时，可能会想：“这东西真的好用吗？质量怎么样？我可不想花这么多钱买个废物。”于是，买家跟卖家说：“我先用用看，觉得好再买。”这就是一种赊销行为，即先使用产品，试用满意之后再付款。这种情况在购买大型设备时很常见，因为大型设备价格昂贵，买家通常会要求试用。

另一种情况是，买家因手头紧张，没有足够的资金立刻购买所需的产品，但是又急需这个产品。于是，买家跟卖家商量："我先拿走产品，等过段时间有钱了再付款给你。"卖家可能会同意，因为与其让产品放在仓库里，不如让它们在市场上流通起来，哪怕暂时没有收益。这种情况下，买家会在规定的时间里慢慢还钱，可能是一次性还清，也可能是分期付清。

赊销这种交易形式既可以帮助买方解决燃眉之急，也可以让卖方减少库存压力，提高产品的流动性。

企业的赊销行为往往会产生一些费用，就如向他人借钱需要支付一定的利息一样。这些费用主要包括机会成本、管理成本、坏账成本等。

知识链接

机会成本、管理成本、坏账成本

机会成本，指对物资、资金、劳务或生产能力的利用，因选择一种方案，而放弃的另一种可行方案所可能获得的最大收益。即选择前一方案的代价。机会成本并非实际发生的成本，在账本上不作任何记录，而是作出正确决策时应予考虑的一个因素。

管理成本，指企业在运营过程中所产生的各种成本，包括人力、物力、财力等显性成本，也包括时间、信息、风险等隐性成本。

坏账成本，指因应收账款无法收回而给企业带来的损失。

（二）预付账款

预付账款，是指企业按照购货合同的规定，预先以货币资金或货币等价物支付供应单位的款项。

预付账款对卖方来说，是一种提前获取资金的交易方式；对买方来说，是一种确保供应和优先权的交易手段。

以下几个常见场景可以帮助我们理解预付账款这一交易形式。

一些商品，比如大型机器设备或房屋，因生产周期漫长，加之市场变化无常，价格不稳定，给生产商带来较大风险。为了降低交易风险，生产商可能会要求买家先付一部分货款作为定金，以减轻资金压力。

购买那些非常抢手或供不应求的商品时，买家可能需要排队等候，甚至需要抢购。为了确保及时买到这些商品，买家通常愿意提前支付一部分货款，这样即可锁定商品，让生产商知道自己有购买的意愿和能力。

一些特殊商品，比如水、电、服务等，在提供

给消费者的同时已于生产过程中消耗掉一部分。生产商需要确保这些商品持续供应，同时也要将自己的损失降到最低。因此，他们可能会要求消费者提前支付一部分款项，以确保生产的持续性和稳定性。

总的来说，预付账款这种交易方式既可以让商家基于销售情况来确定生产计划，也可以提高资金的使用效率，保证生产顺利进行。

典型案例

“生意做的是质量，凭的是良心”
——记内蒙古 2023 年度“十大诚信人物”苏巧云

在巴彦淖尔市临河区光明西街，一家烟酒店已经经营了 30 多年。

“从 1990 年开店到现在，以诚取信、以信取胜对我来说是最重要的。”店主苏巧云说。

在烟酒经营中，苏巧云始终坚持老实做人、诚信做事，严把商品进货关、运输关、保管关，以货品齐全、品质优良、价格合理为原则，保证所售商品货真价实，让自己的店成为顾客满意的放心店。

多年来，苏巧云每出售一件商品，都会在上面标注一个“苏”字。这是一份承诺，更是一种自信。

2023年，诚信经营的苏巧云获评“内蒙古自治区十大诚信人物”。

“做生意讲诚信，顾客才能信任我，我们才能处出真感情。”苏巧云是这样说的，也是这样做的。

1998年冬日的一天，从乌拉特后旗来进货的小刘第一次走进苏巧云的店里，他买了一些烟酒后，就匆匆离开了。晚上，苏巧云核对账目时发现多了800元。在当时，这可不是一笔小数目。因为当天的客户多，苏巧云记不清是哪位客户多付了钱，于是她就把这800元钱另放了起来。9天后，多付钱的小刘抱着试一试的心态来到苏巧云店里询问，苏巧云核对账目后把钱还给了他。从那以后，小刘就成了苏巧云家的老客户。

客户张桂梅开了一家零售门市，她每天都来苏巧云店里进货，二人因此熟络起来。一开始，张桂梅门市的生意不好，进货很少，苏巧云觉得她为人实在，就向她承诺：“你进我家的货，货款可以先赊着，等你卖完再结算。”张桂梅听后感激不已。然而，天有不测风云，张桂梅的生意刚有起色，丈夫却因车祸不幸离世，这让张桂梅一蹶不振。苏巧云知道后，经常鼓励她，并依然信守承诺，全力以赴帮她。在苏巧云的帮助下，张桂梅走出了困境，重拾对生活的信心。

“苏巧云不仅做生意诚实守信，而且为人厚道，乐于助人，热心公益。跟她相处，让人很放心。”据张桂梅介绍，汶川和玉树发生地震灾害后，苏巧云不仅自己捐款捐物，还积极动员邻居、商户等捐资捐物。

不管是在艰难的创业初期，还是在事业蒸蒸日上的今天，苏巧云都一直热心帮助身边每一位需要帮助的人。这些年来，她积极做公益献爱心，用涓涓善款书写着一个商人的责任和信念。她先后获得巴彦淖尔市“道德模范”、自治区“百佳诚信个体工商户”等100多项荣誉。

“荣誉只代表过去，今后的日子，我将继续诚信做人，诚信做事，诚信经营，积极参与社会公益事业，回报社会。”苏巧云说。

文章来源：《内蒙古日报》2023年11月1日（有删改）

（三）信用采购

信用采购，是指买家在购物前会先做一番“背景调查”，即在下单购买商品或服务之前，先评估供应商的可靠性、信誉度和财务状况等，以确保其能够按时提供高质量的商品或服务。

这个过程主要包括以下几个步骤。

风险预警和防范：买家会查看供应商的过往信用信息，看其是否有过违约、延迟交货等行为，产品是否存在质量问题等，以此来预测未来可能出现的风险。

围标、串标审核预警：在招投标过程中，买家会警惕是否有供应商或其他招投标参与方试图通过不公正的手段（比如围标或串标）来影响招投标结果。

供应商信用等级评价：买家可能会参考专业的信用评估机构对供应商作出的信用评估来判断供应商的信用状况。

履约过程实时动态监测：一旦采购开始，买家会持续跟踪监测供应商的履约情况，确保其按照合同规定的时间和质量要求提供商品或服务。

信用采购是一种建立在信任基础上的采购方式，它要求供应商有良好的商业信誉，以确保供应链稳定和顺畅，进而使双方利益都得到保障。

在线问答

如何理解“围标”与“串标”？

围标，通常指几个投标人相互约定，一致抬高或压低投标报价，通过限制竞争，排挤其他投标人，使某个利益相关者中标，从而谋取非法利益。

串标，通常指招标人、招标代理机构、一个或多个投标人，甚至招标监管部门、交易平台形成一个利益共同体，通过提前拟定有倾向性的招标文件、泄露评委名单或内定评委，甚至故意打错分数等手段阻止其他投标人中标，最终达成非法利益目标。

围标和串标都是不正当的招投标行为，都以暗箱操作为主要手段，以达成非法利益目标为主要目的。不同的是，围标以投标人的“横向联合”为主要特征，操作相对简单，牵涉面相对较窄，较易预防；串标则以多个招投标主体“纵向联合”为主要特征，牵涉面广，预防难度较大。

（四）分期付款

分期付款，是指买家可以在不一次性支付全部货款的情况下，先拿到商品或先享用服务。

分期付款对卖家来说，可以降低风险，保护自身权益，确保资金稳定流转；对买家来说，在减轻经济压力的同时，可以提前得到需要的商品或服务。

这种交易方式通常用在一些大宗商品的交易上，比如大型机器设备、房屋或者汽车等，因为这些商品的价格通常较高，不是所有人都能一次性支付得起的。分期付款让这些大宗商品的交易变得更加灵活和可行。

相关链接

信用卡分期购车

你想买一辆新车，但是钱不够。这时，你可以选用信用卡分期付款的方式来购买。这就好比你向银行借了一个“钱包”，可以用这个“钱包”里的钱支付车款，但是你须在规定期限内按月还款，直至还清。

不过，银行不是无偿借给你“钱包”的，你需要支付一些手续费，还款时间越长，手续费越高。银行不确定你是否有足够的钱还“钱包”里的钱，所以它们会要求你提供一些能证明你有钱的材料，比如房产证或者购房合同等。有的银行还要求你的信用卡有足够的透支额度，一般是 10 万 ~20 万元。如果你信用好，有的银行会给你提高额度，让你更易享用信用卡分期购车服务。

一般来说，至少要首付 30% 的车款才能享受信用卡分期购车服务。有些汽车厂商为了促销，可能会允许零首付；有些银行和汽车厂商达成合作意向，某些车型甚至可以零手续费。

知识链接

商务诚信与银行信用的关系

商务诚信可以被通俗地理解为各商务活动主体遵循诚实、公正、守信的原则进行经营和合作。它强调的是商事行为的透明度和信任度，是商业道德的一种体现。比如，企业在广告宣传中如实告知产品特性，不夸大其词；严格按照合同履行义务，不违约：这些都是商务诚信的体现。商务诚信有利于降低交易成本，提高交易效率，增加市场参与者的互信，从而促进经济健康发展、社会和谐稳定。

银行信用是指以银行为中介，以存款等方式筹集货币资金，以贷款等方式对国民经济各部门、各企业或个人提供资金的一种信用形式。简而言之，银行信用就是银行对客户的一种信任表现，客户可以凭借这种信任从银行获得资金，用于投资或日常运营。我们常见的房贷、车贷就是个人从银行获得信用的体现。

商务诚信是银行信用评估的基础，具有高信誉度的企业或个人，更易从银行获得信用支持。反之，如果企业或个人商务诚信缺失，有欺诈、违约等行为，银行就会对其信用评估打折扣，甚至拒绝提供金融服务。

总之，商务诚信是银行信用评估的重要考量因素，银行信用是商务诚信在金融领域的具体体现。两者共同作用，共同维护着市场经济秩序，保障着资金的合理流动和经济的正常运行。

三、商务诚信建设意义

商务诚信建设作为社会信用体系建设的重点，是商务关系有效维护、商务运行成本有效降低、营商环境有效改善的重要抓手，也是各类经济活动高效开展的基础保障。

在当前新发展格局下，加强商务诚信建设具有重要意义。

（一）构建新发展格局的坚实基础

商务工作联通内外、贯通城乡、对接产销，是国内大循环的重要组成部分，也是国内国际双循环的关键枢纽，在构建新发展格局中地位十分重要、责任十分重大。

加强商务诚信建设，对畅通国内大循环、促进国内国际双循环有重要意义。

以畅通国内大循环为主，就是要做好自身建设，建立起强大的内需市场来应对国内外波诡云谲的经济形势。加强商务诚信建设，为市场主体营造公平稳定、透明可预期的优质营商环境，使各类生产要素在市场上顺利流通，能够为畅通国内大循环打下坚实基础。

当前，虽然国际形势严峻复杂，但中国优势显而易见，中国成为吸引全球要素资源的聚集地和全球产业链延伸、价值链上移的承载地。加强商务诚信建设，营造一个优质的、有足够吸引力的营商环境，有利于增强对外资的吸引力和对现有外资企业的黏性。

国家提出构建新发展格局，就是要培育新形势下我国参与国际合作和竞争的新优势，这不是闭关锁国、自给自足，而是积极与外部沟通，努力参与国际竞争，争取互利共赢，实现双循环相互配合、融合发展。加强商务诚信建设能够为促进国内国际双循环搭建对接通道，对于推动我国经济高质量发展具有重大意义。

（二）优化营商环境的重要保障

建立一个完善的商务诚信体系，相当于给市场经济构建一个健康的免疫系统，能够从根本上解决市场经济的诸多疑难杂症。目前，我国商务诚信体系建设依然面临诸多问题与挑战。一是在地方政府与市场主体的交易环节存在“不诚信”行为。一些地方政府部门在政府采购、招标投标、招商引资、政府与社会资本合作、产业扶持、政府投资等领域存在违约毁约行为。二是由于所有制成分、企业规模、上下游链条等方面的差异，金融机构、国有企业、民营企业、外资企业、个体工商户等不同市场主体存在信息不对称和“店大欺客”等问题。三是在市场主体与消费者的交易环节存在信息不对称所引起

的消费欺诈和“大数据杀熟”等消费侵权现象以及过度收集和使用个人信息等问题。

推进商务诚信建设是整顿和规范市场秩序的治本之策。健康、有序且透明的营商环境是我国各级政府与市场主体之间、市场主体之间、市场主体与消费者之间平衡关系的体现，也是现代社会传承和弘扬契约精神的保障。

良好的营商环境是一个地区发展的金字招牌，是企业生存发展的肥沃土壤，是加速要素集聚的强大磁场。但优化营商环境，不仅需要万千市场主体坚持诚信为本、守法经营，也需要政府加快转变职能，在公共政策兑现、推进阳光政务、提升服务效能、贯彻公平正义原则、加大政府欠款清偿力度等政务流程各个环节提高公信力。商务诚信建设也是加快转变政府职能、创新行政管理方式的内在要求。一方面，政府加快转变职能、创新行政管理方式，有利于积极主动、及时高效地为企业提供相关服务，提高办事效率。另一方面，政府部门提高自身诚信履约能力，有利于增强企业对政府的信心，鼓励企业更加积极地参与市场竞争，推动市场经济健康有序发展。

（三）建立现代市场经济体系的基本前提

商务诚信体系是现代市场经济体系的重要组成部分，是发展社会主义市场经济的重要基础。建立并完善商务诚信体系是构建高水平社会主义市场经济体制的重要内容。社会主义市场经济是信用经济、法治经济，建立并完善商务诚信体系，可以有效降低市场交易风险、提高交易效率、降低交易成本、扩大交易规模，从而促进经济持续稳定增长。如果把现代市场经济体系比作一座现代化城市，商务诚信体系就是这座城市的“基础设施”，没有商务诚信体系，现代市场经济体系就无法稳固建立并平稳运行。

（四）提升国家软实力及国际影响力的必要条件

加强商务诚信建设可以有效维护商务关系、降低商务运行成本，对于改善国家或地区营商环境，深化国际合作和交往，树立国际品牌和声誉，提升国家软实力及国际影响力意义重大；也是推动建立客观、公正、合理、平衡的国际信用评级体系，适应国际发展新形势、驾驭全球化新格局的迫切要求。

延伸阅读

1. 习近平：《习近平关于中国式现代化论述摘编》，中央文献出版社 2023 年版。

2.《关于推进社会信用体系建设高质量发展促进形成新发展格局的意见》。

第二章

内蒙古商务诚信建设取得的成就

习语金句

守法经营，这是任何企业都必须遵守的一个大原则。公有制企业也好，非公有制企业也好，各类企业都要把守法诚信作为安身立命之本，依法经营、依法治企、依法维权。法律底线不能破，偷税漏税、走私贩私、制假贩假等违法的事情坚决不做，偷工减料、缺斤短两、质次价高的亏心事坚决不做。

——习近平《毫不动摇坚持我国基本经济制度，推动各种所有制经济健康发展》（2011年3月4日）（选自《习近平著作选读》第一卷，人民出版社2023年版）

引经据典

言必信，行必果。

——《论语》

人而无信，不知其可也。

——《论语》

党的十八大以来，党中央、国务院高度重视社会信用体系建设。党的二十大报告提出，“完善产权保护、市场准入、公平竞争、社会信用等市场经济基础制度”，明确将社会信用列为社会主义市场经济四大基础制度之一。

近年来，内蒙古深入贯彻落实党中央、国务院关于社会信用体系建设的各项决策部署，围绕深入推进“放管服”改革、加快政府职能转变及优化营商环境等重点任务，扎实推进信用理念、信用制度、信用手段与国民经济体系各方面各环节深度融合，为促进自治区经济社会高质量发展、奋力书写中国式现代化内蒙古新篇章提供有力支撑。目前，内蒙古在商务诚信建设的关键环节以及重点领域取得重要进展及阶段性成效，诚信已成为内蒙古人民政府开展市场监管的“内核”，成为内蒙古企业发展壮大的“硬通货”。

一、信用政策体系逐步完善

（一）国家层面信用政策

党的十九届六中全会以来，党中央和国务院出台了很多关于商务诚信建设的政策文件，激励全社会共同努力，打造诚实守信的营商环境。

2021 年 12 月，国务院办公厅发出《关于印发加强信用信息共享应用促进中小微企业融资实施方案的通知》。《加强信用信息共享应用促进中小微企业融资实施方案》明确提出要加强信用信息的共享整合，以支持银行等金融机构提升服务中小微企业能力为出发点，充分发挥各类信用信息平台作用，多种方式归集共享各类涉企信用信息，破解银企信息不对称难题；省级人民政府要在充分利用现有地方信用信息共享平台、征信平台、综合金融服务平台等信息系统的基础上，统筹建立或完善地方融资信用服务平台，进一步发挥信用信息对中小微企业融资的支持作用，推动建立缓解中小微企业融资难融资贵问题的长效机制。

2022 年 3 月，中共中央办公厅、国务院办公厅印发《关于推进社会信用体系建设高质量发展促进形成新发展格局的意见》（简称《意见》）。《意见》指出，完善的社会信用体系是供需有效衔接的重要保障，是资源优化配置的坚实基础，是良好营商环境的重要组成部分，对促进国民经济循环高效畅通、构建新发展格局具有重要意义。为推进社会信用体系建设高质量发展，促进形成新发展格局，《意见》提出下一步工作要求：立足经济社会发展全局，整体布局、突出重点，有序推进各地区各行业各领域信用建设。积极探索创新，运用信用理念和方式解决制约经济社会运行的难点、堵点、痛点问题。推动社会信用体系建设全面纳入法治轨道，规范完善各领域各环节信用措施，切实保护各类主体合法权益。充分调动各类主体积极性创造性，发挥征信市场积极作用，更好发挥政府组织协调、示范引领、监督管理作用，形成推进社会信用体系建设高质量发展合力。

2023 年 1 月，国务院办公厅出台《关于深入推进跨部门综合监管的指导意见》（简称《指导意见》），

旨在进一步加强跨部门综合监管，维护公平有序的市场环境，切实降低市场主体制度性交易成本，推动高质量发展。《指导意见》提出，2023 年底前，建立跨部门综合监管重点事项清单管理和动态更新机制，在部分领域开展跨部门综合监管试点，按事项建立健全跨部门综合监管制度，完善各司其职、各负其责、相互配合、齐抓共管的协同监管机制。到 2025 年，在更多领域、更大范围建立健全跨部门综合监管制度，进一步优化协同监管机制和方式，大幅提升发现问题和处置风险能力，推动市场竞争更加公平有序、市场活力充分释放。《指导意见》还指出，开展跨部门联合抽查检查一般应采取“双随机、一公开”监管方式，要结合监管对象信用等级和风险分类，不断优化组织方式，合理确定抽查比例、频次和参与部门等。发现涉及行业性、区域性违法违规行为或存在普遍性、多发性问题的，应及时组织开展跨部门联合检查或专项整治。根据跨部门综合监管对象的属性和风险特点，积极探索符合行业监管需要的信用监管模式，充分发挥信用监管在配置监管资源、防范化解风险等方面的重要作用。行业主管部门要会同相关监管部门建立健全跨部门综合监管事项信用评价指标体系，明确分级分类标准及相应的协同监管措施。相关部门在注册登记、资质审核、日常监管、公共服务、执法办案过程中，要准确、全面记录市场主体信用行为，及时归集共享信用信息。发现存在违法失信行为的，要及时通报相关部门，依法开展失信惩戒。

（二）内蒙古自治区层面信用政策

内蒙古自治区认真贯彻落实党中央、国务院关于社会信用体系建设的决策部署，围绕相关指导意见和实施方案，结合本地区实际，出台了一系列有关社会信用体系建设的重要政策文件。

2021 年 7 月，自治区人民政府办公厅印发了《内蒙古自治区“十四五”社会信用体系建设规划》（简称《规划》）。《规划》坚持以习近平新时代中国特色社会主义思想为指导，全面贯彻党的十九大和十九届二中、三中、四中、五中全会精神，深入落实习近平总书记对内蒙古重要讲话重要指示批示精神，以建设高质量社会信用体系为目标，提出要不断规范和完善信用监管机制，着力加强重点领域信用建设，全力提升社会信用体系建设的规范化水平，更好发挥社会信用体系在支撑“放管服”改革和政府职能转变、营造公平诚信的市场环境和社会环境等方面的积极作用，全面构建与自治区高质量发展相适应的社会信用体系。

2023 年 4 月，自治区印发了《关于构建诚信建设长效机制全面推进社会信用体系建设高质量发展的实施意见》（简称《实施意见》）。《实施意见》以习近平新时代中国特色社会主义思想为指导，全面贯彻党的二十大精神，立足内蒙古走好以生态优先、绿色发展为导向的高质量发展实际，要求各地各部门坚持和加强党对社会信用体系建设工作的领导，充分认识社会信用体系建设对促进国民经济循环高效畅通、构建新发展格局的重要意义。社会信用体系建设牵头部门要充分发挥好作用，强化工作部署，做好统筹协调，形成工作合力，将社会信用体系建设纳入高质量发展综合绩效评价，推动各项任务落地见效。要加强社会信用体系建设的机构、人员和经费保障，扎实推进信用理念、信用制度、信用手段与国民经济体系各方面各环节深度融合，对标对表先进地区，制定具体实施方案、细化工作措施、明确完成时限，确保各项任务落实到位。要广泛建立信用宣传渠道，通过各类媒体提高信用宣传的传播力和影响力，促进信用体系建设各项工作有效开展。鼓励社会各界参与到信用宣传工作中，搭建展示诚信理念和诚信文化的舞台，讲好各行各业的“诚信故事”，助力“信用内蒙古”建设。

相关链接

企业信用风险分类管理

企业信用风险分类管理主要是指市场监管部门基于企业的信用风险信息对企业的信用风险状况进行研判。实施企业信用风险分类管理最主要的目的是优化配置和高效利用监管资源，提高监管及时性、精准性、有效性，更好服务经济社会高质量发展。

知识链接

“双随机、一公开”监管

“双随机、一公开”监管，是指执法检查部门从市场主体名录库中随机抽取一定比例的检查对象，从执法检查人员名录库中随机抽取执法检查人员，依照法定职责进行监督检查，并将抽查情况和查处结果向社会公开的活动。

“双随机、一公开”监管是转变政府职能，深化“放管服”改革的重要举措，在降低监管成本的同时，可以显著提升监管效能，适应改革新形势；是推动经营主体信用体系建设的有效方式，有利于增强经营主体信用意识和自我约束力，实现由经营主体对政府负责向对社会负责、由政府监管向社会共治的转变；是优化营商环境的有力保障，有利于减少对经营主体正常生产经营活动的干预，进而营造公平竞争的市场环境。

特别关注

关于商务诚信建设的重要政策文件

1 国家层面

时间	文件名	主要内容	
2014 年	《社会信用体系建设规划纲要(2014—2020 年)》	我国首部国家级社会信用体系建设专项规划，对加快建设社会信用体系、构筑诚实守信的经济社会环境作出部署。	
2015 年	《国务院办公厅关于运用大数据加强对市场主体服务和监管的若干意见》	充分运用大数据先进理念、技术和资源，加强对市场主体的服务和监管，推进简政放权和政府职能转变，提高政府治理能力。	

续表

时间	文件名	主要内容	
2019 年	《国务院办公厅关于加快推进社会信用体系建设构建以信用为基础的新型监管机制的指导意见》	创新监管理念、监管制度和监管方式，建立健全贯穿市场主体全生命周期，衔接事前、事中、事后全监管环节的新型监管机制。	
2020 年	《国务院办公厅关于进一步完善失信约束制度构建诚信建设长效机制的指导意见》	进一步明确信用信息范围，依法依规实施失信惩戒，完善失信主体信用修复机制，提高社会信用体系建设法治化、规范化水平。	
2020 年	《中国人民银行 银保监会 财政部 发展改革委 工业和信息化部关于加大小微企业信用贷款支持力度的通知》	促进银行加大小微企业信用贷款投放力度，支持更多小微企业获得免抵押担保的信用贷款支持。	
2021 年	《文化和旅游市场信用管理规定》	规范和加强文化和旅游市场信用管理，保护各类市场主体、从业人员和消费者合法权益，维护文化和旅游市场秩序，促进文化和旅游市场高质量发展。	

续表

时间	文件名	主要内容	
2021 年	《重大税收违法失信主体信息公布管理办法》	维护正常税收征收管理秩序，惩戒重大税收违法失信行为，保障税务行政相对人合法权益，促进依法诚信纳税，推进社会信用体系建设。	
2021 年	《国务院办公厅关于印发加强信用信息共享应用促进中小微企业融资实施方案的通知》	进一步发挥信用信息对中小微企业融资的支持作用，推动建立缓解中小微企业融资难融资贵问题的长效机制。	
2022 年	《全国公共信用信息基础目录（2022 年版）》和《全国失信惩戒措施基础清单（2022 年版）》	进一步明确公共信用信息纳入范围，规范失信惩戒措施，保护信用主体合法权益。	
2022 年	《统计严重失信企业信用管理办法》	推进统计领域信用建设，规范统计严重失信企业信用管理。	
2022 年	《关于推进社会信用体系建设高质量发展促进形成新发展格局的意见》	扎实推进信用理念、信用制度、信用手段与国民经济体系各方面各环节深度融合。	

续表

时间	文件名	主要内容	
2022 年	《市场监督总局关于推进企业信用风险分类管理进一步提升监管效能的意见》	创新和加强事前事中事后全链条全领域监管，依法依规推进企业信用风险分类管理工作。	
2022 年	《国家发展改革委办公厅 银保监会办公厅关于加强信用信息共享应用推进融资信用服务平台网络建设的通知》	加快构建全国一体化融资信用服务平台网络，加强信用信息共享应用促进中小微企业融资。	
2023 年	《国务院办公厅关于深入推进跨部门综合监管的指导意见》	进一步加强跨部门综合监管，维护公平有序的市场环境，切实降低市场主体制度性交易成本，推动高质量发展。	
2023 年	《失信行为纠正后的信用信息修复管理办法(试行)》	规范信用信息修复工作，维护信用主体合法权益，进一步提升社会信用体系建设法治化、规范化水平。	

2 内蒙古自治区层面

时间	文件名	主要内容	
2017 年	《内蒙古自治区人民政府关于建立完善守信联合激励和失信联合惩戒制度加快推进社会诚信建设的实施意见》	建立跨地区、跨部门、跨领域的联合激励与惩戒机制，推动形成政府部门协调联动、行业组织自律管理、信用服务机构积极参与、社会舆论广泛监督的共同治理格局，促进市场主体依法诚信经营和社会诚信环境改善。	
2019 年	《内蒙古自治区发展和改革委员会 市场监督管理局关于进一步加强全区信用信息归集共享应用工作的通知》	强化信用信息归集工作，加强信用信息共享工作，广泛开展信用信息应用工作。	
2020 年	《内蒙古自治区全面推行证明事项告知承诺制实施方案》	全面推行证明事项告知承诺制，打造市场化、法治化、国际化营商环境，为建设亮丽内蒙古提供高效便捷的政务服务。	
2020 年	《内蒙古自治区公共资源交易信用管理办法》	加强自治区公共资源交易信用管理，推进公共资源交易信用体系建设，营造诚实守信的公共资源交易市场环境。	

续表

时间	文件名	主要内容	
2020 年	《内蒙古自治区发展改革委 中国人民银行呼和浩特中心支行关于进一步加强旗县（市、区）社会信用体系建设工作的指导意见》	全面推进社会信用体系建设，建立完善信用监管机制，创新监管理念、监管制度和监管方式，建立健全贯穿市场主体全生命周期，衔接事前、事中、事后全监管环节的新型监管机制。	
2021 年	《内蒙古自治区公共信用信息管理条例》	规范公共信用信息管理，维护信息主体合法权益，促进社会信用体系建设，优化营商环境，弘扬社会主义核心价值观，构建诚信社会。	
2021 年	《内蒙古自治区“十四五”社会信用体系建设规划》	深入推进自治区社会信用体系建设，优化营商环境，构建诚信社会。	
2021 年	《内蒙古自治区财政厅关于进一步做好优化政府采购领域营商环境工作的通知》	进一步深化“放管服”改革，优化政府采购领域营商环境，降低制度性交易成本，更大程度激发市场活力。	

续表

时间	文件名	主要内容	
2021 年	《内蒙古自治区发展和改革委员会关于进一步完善失信约束制度构建诚信建设长效机制的实施意见》	进一步规范和健全失信行为认定、记录、归集、共享、公开、惩戒和信用修复等机制。	
2022 年	《内蒙古自治区加强信用信息共享应用促进中小微企业融资工作方案》	进一步加强信用信息和各类涉企信息共享整合，发挥信用信息对我区中小微企业融资的支持作用，推动建立缓解中小微企业融资难融资贵问题的长效机制。	
2023 年	《内蒙古自治区关于构建诚信建设长效机制全面推进社会信用体系建设高质量发展的实施意见》	扎实推进信用理念、信用制度、信用手段与国民经济体系各方面各环节深度融合，有序推进各地区各行业各领域信用建设。	
2023 年	《内蒙古自治区诚信典型企业选树管理办法》	深入推进社会信用体系建设，发挥信用激励机制作用，提升诚信典型企业的获得感，树立我区企业讲诚信、守信用的良好形象。	

二、信用建设法治化水平逐步提升

习近平总书记在十八届中央政治局第三十七次集体学习时强调：“对突出的诚信缺失问题，既要抓紧建立覆盖全社会的征信系统，又要完善守法诚信褒奖机制和违法失信惩戒机制，使人不敢失信、不能失信。”诚信作为一种道德规范，自发形成于个体内部，难以通过外在途径进行准确表达，导致诚信体系建设不可避免地出现内容不明确、执行不规范、成效难评估等问题。要破除信用体系建设的种种障碍，就需要借助法治化手段消除诚信概念存在的不确定性，推动信用体系建设制度化与规范化水平进一步提升，确保信用体系建设有法可依、有法必依。

据不完全统计，截至2022年6月，我国已有50部法律、59部行政法规专门写入信用条款，主要涉及政务诚信建设、商务诚信建设、社会诚信建设、司法公信建设四大领域。截至2023年5月底，内蒙古先后制定社会信用体系建设相关政策文件 80 余件、地方标准 15 项。

2021 年 5 月，自治区商务厅印发了《优化商务领域营商环境的若干措施》，从“简政放权，激发市场主体活力”“加强监管，规范市场秩序”“优化服务，为市场主体提供最大便利”“促进贸易便利化，打造国际化营商环境”“依法行政，营造良好法治环境”5 个方面制定 31 项具体举措，全力打造市场化、法治化、国际化营商环境。2021 年 6 月 1 日，《内蒙古自治区公共信用信息管理条例》正式施行，标志着内蒙古信用建设迈入了法治化、规范化的高质量发展新阶段。

特别关注

用制度力量“守护”诚信建设

立规矩、讲规矩、守规矩，是经济社会繁荣发展的重要保证。抓好诚信建设工程，打造更优营商环境，离不开制度和法治的保驾护航。

加大对不诚信企业、个人、第三方机构和党政机关、国有企事业单位失信行为的惩戒力度，使守信者畅行天下、失信者寸步难行；各级党政机关要带头说话算数，答应下的事要一口唾沫一个钉，承诺了的事要一丝不苟地兑现……2024 年 2 月 21 日召开的全区招商引资暨诚信建设会议传递出的信息振聋发聩。

加快诚信建设地方立法步伐，健全信用承诺、评价、监管等制度机制。自治区人大常委会把制定社会信用条例作为 2024 年的重点立法项目，2 月 22 日召开重点立法和重点监督项目工作协调会，统筹推进《内蒙古自治区社会信用条例》立法工作和诚信建设工程监督工作，加强同相关上位法和国家相关规定的有效衔接，尽早推动《内蒙古自治区社会信用条例》出台，为自治区社会信用体系建设保驾护航。

诚信是人类文明进步的重要标识，是个体安身立命之本。立规矩，让诚信建设的刚性约束实起来、硬起来，内蒙古将笃行不怠、驰而不息。

文章来源：《内蒙古日报》2024 年 2 月 25 日（有删改）

三、信用信息平台建设持续优化

2015年底，全国信用信息共享平台（简称“共享平台”）上线运行。该平台是全国信用信息归集共享的“总枢纽”，是社会信用体系建设的基础设施，由国家公共信用信息中心承担建设和运行。共享平台具备信用信息归集、共享、应用服务等功能，向接入政务部门及地方平台提供核心数据机制化共享以及信息查询、失信核验等服务，可公开信息通

过“信用中国”网站向社会公众公开，并依法依规与社会机构进行共享。信用信息覆盖海关、税务、交通、食药、公安等多个领域，包括法人基础信息、行政许可信息、行政处罚信息、守信激励名单信息、失信惩戒名单信息等多种类型。

“信用中国”网站是在国家发展改革委、中国人民银行指导下，在社会信用体系建设部际联席会议各成员单位支持下，由国家信息中心主办的，2015 年 6 月 1 日正式上线运行。该网站是政府褒扬诚信、惩戒失信的窗口，主要承担信用宣传、信息发布等工作，使用社会信用体系建设部际联席会议成员单位提供的对社会公开的信用信息。

从 2012 年开始，内蒙古逐步构建形成自治区、盟市、旗县三级社会信用体系建设工作体系。由自治区发展和改革委员会负责建设运维的内蒙古自治区社会信用信息平台圆满完成两期建设任务，构建起上联国家、下通盟市、横贯部门的全区信息共享交换枢纽和信用大数据应用中心，实现了全区自然人、法人和非法人组织信用信息归集全覆盖，形成了全量归集、深度融合的海量信用信息资源。依托自治区社会信用信息平台，全区 12 个盟市及部分旗县（市、区）分别建立了本行政区域的社会信用信息平台，自治区市场监管、税务、生态环境等多个部门也分别建立起本行业的信用信息监管系统。此外，自治区社会信用信息平台还依托自治区电子政务外网，构建起上联国家、下通盟市、横向连接自治区各部门的全区公共信用信息交换共享体系，加强了与国家信用信息平台和自治区各盟市信用信息平台的无缝衔接和跨区域交换共享，实现了全区信用大数据资源的共享开放和高效管理调度，推动信用信息在市场监管、社会治理、金融服务和公共服务等方面广泛应用。

截至 2023 年 5 月底，自治区社会信用信息平台已实现对全区社会主体信用档案建设的全覆盖，累计归集各类社会主体信用信息 3.48 亿余条，为推进各项工作奠定了坚实基础。各地各部门在行政管理事项中累计调用、查询信用信息6100余万次，市场监管效率和社会治理能力显著提高。

在商务诚信建设领域，2016年4月12日，内蒙古自治区商务领域企业信用信息平台正式上线试运行，在做好商务领域企业信用信息归集、共享的基础上，进一步强化对企业信用记录和信用报告的应用；在不断完善商务领域企业信用信息平台功能的基础上，推进与自治区发展和改革委员会及自治区市

内蒙古自治区商务领域企业信用信息平台查询入口

场监管局的信息共享互联，实现了部门间信息资源整合。2022 年至 2023 年 8 月，该平台陆续向“信用内蒙古”和国家企业信用信息公示系统（部门协同监管平台 - 内蒙古）推送“双公示”信息 200 余条，有力推进了部门间的信用信息互联共享。

在线问答

如何理解“信用修复”？

信用修复是指失信主体对其失信行为进行纠正的过程，旨在改善失信主体的负面记录和评价，并允许失信主体对其失信行为发生的客观原因进行解释。这一过程包括采取有效措施及时纠正失信行为，并在规定时间内获得有关部门的批准，撤下公示的不良信息。

失信主体可通过在规定时间内纠正失信行为，公开作出信用承诺，积极主动参与信用修复专题培训，接受协同监管，持续提交信用报告，主动参与志愿服务和社会公益事业等方式来修复信用。

信用修复制度是社会信用体系建设的一个重要机制，

是完善守信联合激励和失信联合惩戒制度的重要环节，是构建以信用为基础的新型监管机制的必然要求，是失信主体解除惩戒措施的制度保障。

四、信用信息应用能力逐步提升

2021 年 12 月，国务院办公厅印发了《加强信用信息共享应用促进中小微企业融资实施方案》（简称《实施方案》）。《实施方案》提出，要充分发挥各类信用信息平台作用，在切实保障信息安全和市场主体权益的前提下，加强信用信息共享整合，深化大数据应用，支持创新优化融资模式，加强对中小微企业的金融服务，不断提高中小微企业贷款覆盖率、可得性和便利度，助力中小微企业纾困发展，为扎实做好“六稳”工作、全面落实“六保”任务、加快构建新发展格局、推动高质量发展提供有力支撑。

为深入贯彻落实《实施方案》，自治区发展和改革委员会制定了《内蒙古自治区加强信用信息共享应用促进中小微企业融资工作方案》（简称《工作方案》）。《工作方案》结合自治区实际，提出依托自治区社会信用信息平台建立全国融资服务平台省级节点，通过国家层面推送和自治区层面共享等方式，全面归集包括纳税信息、生态环境领域信息、不动产信息、行政强制信息、水电气费缴纳信息和科技研发信息等在内的14大类37小类涉企信用信息，并依法依规推送至各类银行和金融机构，为其向中小微企业开展信用融资服务提供数据支撑。

自治区节点的建设完成标志着内蒙古在融资信贷领域的信用信息共享应用工作进入新阶段。自治区节点与全国中小企业融资综合信用服务平台的接通，使其真正成为"总对总"共享信用信息的中转站。2022年11月上线的自治区节点互联网端，具备了向企业用户提供发布融资需求、融资担保、在线公证、仲裁等综合服务功能。

截至2023年10月，自治区节点已联通辖区内

4个自治区级融资信用服务平台（内蒙古中小企业融资综合信用服务平台、内蒙古“蒙享+”信用应用服务平台、内蒙古金融综合服务平台、内蒙古自治区政府采购云平台）、3个盟市级融资信用服务平台（包头市信易贷平台、呼伦贝尔市信易贷平台、赤峰市中小微企业金融服务信用信息共享平台），注册企业（含个体工商户、新型农业经营主体）36万余户，发布金融产品1344个，登记有融资需求的项目8669个。全区通过自治区节点已实际发放信用贷款超130亿元，贷款额较2022年底增加近75%，其中纯信用贷款近30亿元，贷款额较2022年底增加近77%。

知识链接

信易贷

信易贷即全国中小企业融资综合信用服务平台，于2019年9月上线运行。全国中小企业融资综合信用服务平台由国家公共信用信息中心建设，依托全国社会信用信息共享服务平台，整合税务、市场监管、海关、司法以及水电气费、社保、住房公积金缴纳等领域的信用信息，广泛归集中小企业公共信用信息、自主填报信息、相关监管信息和市场信用信息等，自上而下打通部门间的“信息孤岛”，推动政、银、企信息互通和共享应用。

在线问答

如何理解“智能信贷风险控制”？

智能信贷风险控制能够帮助金融机构更准确、更高效地评估和控制信贷风险，提高信贷业务的安全性和盈利性。智能信贷风险控制的流程如下。

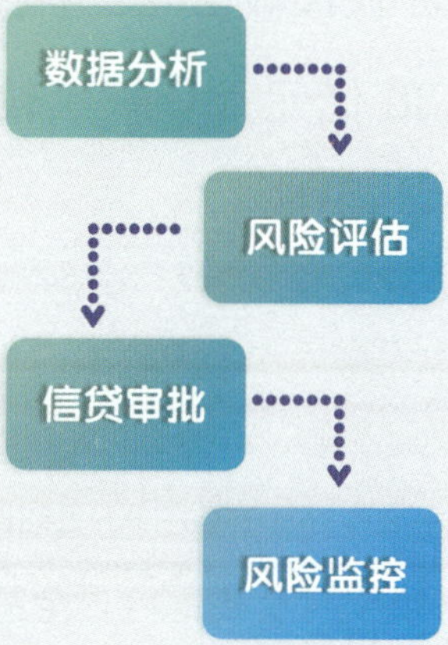

数据分析：通过处理和分析客户数据，包括信用历史、收入情况、购物习惯等，找出哪些客户更有可能按时还款，哪些客户可能存在违约风险。

风险评估：根据数据分析结果，对客户的信用风险进行评估。

信贷审批：根据风险评估结果，给出信贷审批建议，比如批准或者拒绝贷款申请、调整贷款额度和利率等。

风险监控：持续监控已批准贷款的客户的还款情况，一旦发现其有违约迹象，立即提醒金融机构采取措施。

五、新型信用监管机制初步建立

为加强社会信用体系建设，深入推进“放管服”改革，进一步发挥信用在创新监管机制、提高监管能力和水平方面的基础性作用，更好激发市场主体活力，推动高质量发展，2019 年 7 月，国务院办公厅印发《关于加快推进社会信用体系建设构建以信用为基础的新型监管机制的指导意见》（简称《指导意见》）。《指导意见》提出，要按照依法依规、改革创新、协同共治的基本原则，以加强信用监管为着力点，创新监管理念、监管制度和监管方式，建立健全贯穿市场主体全生命周期，衔接事前、事中、事后全监管环节的新型监管机制，不断提升监管能力和水平，进一步规范市场秩序，优化营商环境，推动高质量发展。

内蒙古自治区积极落实相关要求，根据国家社会信用体系建设总体要求和《内蒙古自治区国民经济和社会发展第十四个五年规划和 2035 年远景目标纲要》，结合本地实际，于 2021 年 7 月印发了《内蒙古自治区“十四五”社会信用体系建设规划》，总结了自治区社会信用体系建设取得的积极成效，对今后工作提出要求、作出部署。在信用监管方面，自“十三五”时期以来，自治区持续加大信用监管力度，在市场监管和社会治理等领域开展了“双随机、一公开”及信用分级分类、告知承诺等信用监管和便民服务。全区各级各部门在行政事项办理过程中，累计调用和查询信用信息超过 700 万次，核查出失信主体 10 万余个，有效降低了审批风险，为建立以信用为基础的新型市场监管机制、提升社会治理能力发挥了重要作用。

特别关注

内蒙古出台信用监管十项举措

护航经营主体健康成长

2023年，内蒙古自治区市场监管系统开展了以“深化包容审慎信用监管、护航经营主体健康成长”为主题的信用提升行动。

1 开展企业信用合规建设

梳理风险点，制定企业信用合规建设指引，指导企业防范法律风险，预防和避免违法行为发生。建立企业信用合规正向激励机制，提升经营主体主动合规能力。

2 开展诚信教育和信用培训

通过开展经营主体诚信教育和信用培训，提高经营主体依法诚信经营和参与信用建设的意识。加强信用信息运用，为经营主体享受退税减费和金融支持等政策提供支撑。支持引导行业协会、信用协会等社会组织参与经营主体信用建设，为经营主体提供各类信用服务。

3 探索实行“包容期”管理

对新成立的经营主体给予2～3年“包容期”，在“包容期”内主要采用行政提示、行政建议、行政约谈等柔性监管方式进行监管，只要不触及安全底线，可以依法从轻或不予行政处罚，同时积极引导和督促企业诚信守法经营。

4 强化事前失信警示提醒

在年报、信用惩戒、清理长期停业未经营企业等环节，采用电话告知、信函提示、上门走访等方式，对信用风险较高的经营主体进行警示提醒，将失信处置由事后惩戒向事前预防延伸。

5 建立完善信用承诺制度

完善公示系统功能，支持经营主体将产品或服务质量、文明诚信经营、遵守国家廉政法规等事项主动向社会公示。将守诺情况核查、不实承诺处理、失信惩戒、信用修复、守信激励等信息记入企业名下，形成闭环管理体系。

6 建立信用惩戒容错机制

设立经营异常名录列入“缓冲带”，对非主观故意、未造成不良影响和后果的可不列入经营异常名录。

7 规范日常检查行为

严格按照随机抽查事项清单，除直接涉及公共安全和人身财产安全等的特殊行业、重点领域外，对经营主体实施检查，必须采取“双随机、一公开”监管方式，规范日常检查、专项检查行为，无法定事由不得随意开展检查。

8 探索实施柔性监管

在登记事项监管、年报和信息公示等环节，对信用风险低的企业优先采用非现场监管、触发式监管等柔性监管方式进行监管，做到“有事必查、无事不扰”，减少对企业正常生产经营活动的干扰。

9 优化信用修复服务

建立分工明确、职责清晰的信用修复工作机制，统一规范信用修复流程、提交材料、办理时限，提升信用修复“网上办”的便利度和办结率。加强信用修复指导，探索“承诺容缺”“承诺免查”等信用修复模式。

10 建立经营主体生存状况跟踪评估机制

建立经营主体生存状况跟踪评估机制，根据经营主体类型、行业类别、存续时间等开展经营主体活跃度分析评估，分析经营主体生存状况和活跃度，评估政策实施效果。

文章来源：信用中国网站（有改动）

六、信用服务市场初具规模

信用服务业是国民经济中一个新兴的服务行业，是专门从事信用信息采集、整理和加工，并提供相关信用产品和服务的产业的总称，主要包括资信调查业、资信评级业、信用担保业、信用保理业、信用保险业及商账追收业六大门类。信用服务业的成熟程度体现着信用经济发展的程度。在国家推进社会信用体系建设高质量发展的进程中，信用服务业已发展到了关键阶段。《社会信用体系建设规划纲要（2014—2020年）》《关于充分发挥信用服务机构作用加快推进社会信用服务体系建设的通知》《关于推进社会信用体系建设高质量发展促进形成新发展格局的意见》等一系列重要文件的出台，让信用服务业的发展被赋予更高的期望和更多的使命与责任。

内蒙古信用服务市场已经形成一定规模，当前，正在推动信用服务市场加速发展，努力实现备案信用服务机构规模持续壮大、服务水平显著提升；加强信用报告在项目审批、公共资源分配、金融信贷等领域的广泛应用，普遍开展企业信用咨询和管理服务；持续畅通信用融资渠道，力争全区信用贷款规模比例稳步提升。

相关链接

征信机构的职能

信息采集与处理：征信机构通过法律允许的方式，收集企业和个人的信用信息，并进行整理、加工和分析。

信用报告的出具：征信机构根据自身掌握的信用信息，为金融机构或其他需要使用这些信息的用户出具信用报告。

信用咨询服务：征信机构为客户提供信用咨询及相关服务，帮助客户判断和控制信用风险。

信用产品的销售：征信机构将合法采集到的信用信息加工整理后，形成信用报告等产品，并通过一定的规则有偿提供给经济活动中需要这些信息的参与者。

社会功能的发挥：征信机构在现代市场经济体系中扮演着至关重要的角色，在帮助解决信息不对称问题、扩大市场交易规模、建立和完善社会信用体系等方面发挥着重要作用。

征信系统的建设和维护：征信机构还需要负责征信系统的建设和维护，确保系统稳定和安全。

综上所述，征信机构是一个独立的第三方机构，其主要职能在于提供一个平台，用于收集、整理、分析企业和个人的信用信息，并向客户提供相关的信用服务和产品，以此来帮助客户管理和控制信用风险，进而促进整个社会信用经济的发展。

七、诚信宣传教育形式多样

为了更好弘扬社会主义核心价值观，传承中华民族传统美德，提升公民文明素养和社会文明程度，为内蒙古建设高质量社会信用体系各项工作营造“知信、守信、用信、重信”的良好氛围，自治区创新宣传教育方式方法，开展了一系列助力“信用内蒙古”建设的宣传教育活动。

从2022年起，由自治区发展和改革委员会牵头，每年6月在全区范围内开展“信用宣传月”活动，以期通过一个持续、完整的宣传周期，在全区范围内建立一套全面立体的宣传体系，充分调动各方宣传力量和各类宣传资源，组织开展一系列形式多样、内容丰富、感染力强的宣传教育活动。2023年是全面贯彻落实党的二十大精神的开局之年，自治区紧紧围绕习近平总书记交给内蒙古的五大任务和全方位建设“模范自治区”这两件大事，围绕“高质量推进社会信用体系建设 塑造新时代模范自治区形象”这一主题，在商务诚信建设领域开展了一系列宣传教育工作。一是开展普法宣传。以《内蒙古自治区公共信用信息管理条例》《征信业管理条例》为重点开展普法宣传，增强广大人民群众关爱信用记录的意识，提升全社会法治意识和诚信意识。二是褒扬诚信典型。组织已认定的自治区诚信典型企业开展“集中亮码”活动，鼓励社会各界对诚信典型企业进行联合激励。选取先进个人、先进企业典型事迹进行重点宣传，充分发挥其示范带动作用。三是拓展信用应用场景。深入宣传信用融资相关知识和政策，鼓励中小微企业在各级各类信用融资服务平台注册信息，提升市场主体对信用融资的认识度和获得感。推动各级政府部门在行政管理事项中应用信用信息，实施分级分类监管。围绕“十年征信路，奋进新征程”主题宣传精神，宣传《征信业管理条例》实施十年来取得的成效。

此外，自治区发展和改革委员会还与内蒙古广播电视台、呼和浩特市交通投资建设集团有限公司联合打造了“信用内蒙古”地铁专列；与自治区精神文明建设委员会办公室、自治区党委网络安全和信息化委员会办公室、中国人民银行内蒙古自治区分行、内蒙古广播电视台共同举办了“2023年度内蒙古自治区十大诚信人物”评选活动。

在积极组织开展诚信宣传教育活动的同时，自治区还致力于构建社会信用宣传体系，初步形成覆盖广播、电视、报纸、网络等媒介的信用宣传阵地，社会大众诚信意识普遍提升，营商环境明显改善。

特别关注

“信用内蒙古”地铁专列

为将内蒙古诚信故事讲好，内蒙古自治区发展和改革委员会、内蒙古广播电视台、呼和浩特市交通投资建设集团有限公司联合打造了“信用内蒙古”地铁专列。该地铁专列共6节车厢：第1节与第4节车厢采用红蓝色调，在座椅上印制了关于诚信的名言名句；第2节与第5节车厢采用橙绿色调，通过粘贴诚信文化标语，强调讲信用在日常生活中的重要性；第3节与第6节车厢为渐变色，融入

12 个盟市的名称，树立起“信用内蒙古”的整体形象。

“信用内蒙古”主题列车在呼和浩特地铁 1 号线运行至 2023 年底。作为一个移动的信用宣传平台，“信用内

蒙古”地铁专列生动展示了内蒙古的诚信文化，让广大市民在日常出行中轻松了解信用知识，更好地参与到“信用内蒙古”建设中来。

典型案例

锡林郭勒盟
推“诚”出“信”让企业真切体会
诚信纳税带来的“优越感”

一、案例特色亮点

为全面贯彻党的二十大精神，深入落实党中央、国务院关于推进社会信用体系建设高质量发展的决策部署，进一步优化营商环境，锡林郭勒盟发展和改革

委员会积极开展“信易＋诚信纳税”试点工作，主要对锡林郭勒盟被国家税务总局锡林郭勒盟税务局评定为 A 级纳税人的企业提供税收服务和管理、审批服务和监

管、社会保障、评优评先、政策扶持、执法检查等 6 个方面的扶持便利，营造了“守信受益、信用有价”的浓厚氛围，让企业真切体会到诚信纳税带来的“优越感”。

二、主要经验做法

对锡林郭勒盟被国家税务总局锡林郭勒盟税务局评定为 A 级纳税人的企业给予奖励。

（一）税收服务和管理。一是一般纳税人可单次领取 3 个月的增值税发票用量，需要调整增值税发票用量时可即时办理。二是在出口退（免）税申报相关电子信息材料齐全并经预审通过后，即可进行正式申报，申报时不需要提供原始凭证。三是在国家下达的出口退税计划内，可优先安排办理出口退税。四是对部分需审批和核准的涉税事项，资料齐全、符合条件的，采取“先办后审”的方式即时办理。五是连续 3 年被评为 A 级纳税人的企业，除享受以上优惠政策外，还可以由税务机关提供绿色通道或专门人员帮助办理涉税事项。六是银行业金融机构对符合贷款条件的守信企业提供信用贷款或其他金融产品服务。

（二）审批服务和监管。开辟行政审批绿色通道，开通“绿色通道”优先办理和专人领办帮办、预约上门服务等便利服务。

（三）社会保障。在办理就业、失业登记及人才招聘时提供提前预约、优先办理等便利。

（四）评优评先。在文明单位、诚信单位、全国性先进社会组织、五一劳动奖章等各类评选活动中，同等条件下予以优先考虑。

（五）政策扶持。在政策扶持、就业创业等领域给予重点支持，加大扶持力度，提供优先办理、加急办理、非关键要件容缺后补等便利。

（六）执法检查。在价格执法检查中，适当减少抽查频次。

三、取得的成效

（一）“绿色通道”享优先服务。为全盟 2005 户 A 级纳税人开通“绿色办税通道”，让纳税人享受诚信纳税带来的“优越感”。

（二）“诚信特权”享发票服务。为 A 级纳税人提供足量发票。其中，一般纳税人可单次领取 3 个月的增值税发票用量，需要调整增值税发票用量时可即时办理；普通发票按需领用。

（三）“专人联系”助规范发展。建立重点联系制度，开展“一对一”专项走访调研，指定专人负责并重点联系 A 级纳税人企业。专人定期联系企业，询问企业的生产经营状况及存在的困难和问题，积极为企业排忧解难，助力提升企业财务管理水平，引导企业规范发展。

（四）“正向激励”显社会效应。壮大诚信宣传矩阵，充分利用公共信用信息平台、电视、微信、办税服务厅等，结合行风热线及税收宣传、普法宣传活动，发布 A 级纳税人名单，营造诚信纳税光荣的社会风气，树立依法诚信纳税激励导向。

（五）“纳税信用”转为“融资信用”。积极联系当地农业银行、建设银行、工商银行，加强合作；进一步优化“银税互动”工作机制，通过银税互动平台，向银行推送 A 级纳税人名单及涉税数据，为援企稳岗等工作提供信贷支持。

文章来源：内蒙古自治区发展和改革委员会网站（有改动）

特别关注

打造"诚信"靓丽名片

内蒙古推进社会信用体系建设

2023年"内蒙古十大诚信人物"评选活动主要面向全区在政务诚信、商务诚信、社会诚信和司法公信领域表现突出的个人展开，这也是2023年内蒙古"信用宣传月"活动的主要内容之一。10位获选代表包括牧民、农民、环卫工人、退休教师、列车员等。

评选"内蒙古十大诚信人物"，典型带动引路；进一步完善社会信用体系制度建设，搭建"四梁八柱"；进一步提高信用信息归集水平，提升服务能力；进一步提升信用监管水平，开展联合奖惩；进一步提升信用融资服务水平，实现精准"滴灌"……内蒙古正在全力推进社会信用体系建设各项工作，不断完善社会主义市场经济基础制度。

2023年，自治区发展和改革委员会印发《内蒙古自治区关于构建诚信建设长效机制全面推进社会信用体系建设高质量发展的实施意见》，从5个方面27个领域提出了各地各部门的具体任务及保障措施。

信用信息是社会信用体系建设的重要支撑，是信用工作的基础。自治区发展和改革委员会持续对社会信用信息平台进行升级改造和技术维护，推动平台成为全区信用信息的汇集中心、交换共享中心和信用大数据应用中心。平台现已实现与各盟市批量数据共享，具备了与所有部门进行数据共享的能力。截至 2023 年 11 月 10 日，平台共归集全区 613.87 万经营主体、3.04 万机关事业单位、3.43 万社会组织和 2400 万自然人的信用信息共计 3.63 亿条。

诚信走遍天下，失信寸步难行。自治区发展和改革委员会全力推进各领域信用监管工作，积极推动社会信用信息平台与自治区主要监管部门业务系统数据共享，将信用查询嵌入日常监管工作中。截至 2023 年 11 月 15 日，平台累计归集全国各地各部门严重失信“黑名单”信息超过 314 万条、诚实守信“红名单”信息超过 31 万条，并推送共享至自治区各地各部门，进而对信用主体进行联合奖惩。自治区各部门在行政事项办理过程中，共调用、查询信用信息超过 7333 万次，为深入推进“放管服”改革发挥了积极作用。

围绕诚信典型选树工作出现的问题、困难，2023 年，自治区发展和改革委员会印发了《内蒙古自治区诚信典型企业选树管理办法》，优化了诚信典型企业的认定标准，细化了激励措施，使诚信典型选树和守信激励措施的落实更具可行性和操作性。截至 2023 年 11 月 15 日，全区共发布诚信典型超过 21 万家。

为帮助信用记录良好的市场主体享受优惠便利的融资信贷服务，自治区发展和改革委员会完成了全国融资服务平台内蒙古节点建设工作。截至 2023 年 11 月 15 日，内蒙古节点已接入自治区各类融资服务平台 8 个，注册企业超过 39 万家，发布金融产品 1427 个，融资项目数量超过 10000 个，发放信用贷款超过 120 亿元。

“人无信不立，业无信不兴，国无信不强”，内蒙古社会信用体系建设步履铿锵。下一步，内蒙古将以更大决心、更大力度、更大举措推进社会信用体系建设，为内蒙古经济高质量发展护航。

文章来源：内蒙古自治区人民政府网站（有删改）

延伸阅读

1.《内蒙古自治区“十四五”社会信用体系建设规划》。

2.《内蒙古自治区公共信用信息管理条例》。

第三章 商务诚信建设举措

习语金句

市场经济的高效率就在于价值规律、竞争规律、供求规律的作用，但发挥市场经济固有规律的作用和维护公平竞争、等价交换、诚实守信的市场经济基本法则，需要法治上的保障。如果不从法律上确认经济实体的法人资格，企业就不能成为真正的市场竞争主体。如果缺乏维护市场秩序的法治保障，市场行为就会失当，市场信息就会失真，公平竞争就会失序。如果缺乏对不正当市场行为进行惩防的法治体系，守信者利益得不到保护，违法行为得不到惩治，市场经济就不能建立起来。从这一意义上说，市场经济就是法治经济。

——习近平《市场经济必然是法治经济》（2006年5月12日）（选自《之江新语》，浙江人民出版社2007年版）

引经据典

民无信不立。

——《论语》

诚信者，天下之结也。

——《管子》

党的二十大吹响了以中国式现代化全面推进中华民族伟大复兴的时代号角。内蒙古要牢牢把握习近平总书记和党中央对内蒙古的战略定位，聚焦习近平总书记交给内蒙古的两件大事，奋力谱写中国式现代化内蒙古新篇章，努力实现闯新路、进中游的奋斗目标。为此，内蒙古出实招、做实事，持续不断为优化营商环境加码赋能，推动全区经济高质量发展。这其中，商务诚信建设尤为重要。

一、健全信用法律法规和标准体系

信用在社会发展和治理中起着非常关键的作用。“法者，治之端也。”信用立法是规范信用秩序、改善营商环境的基础，也是社会信用体系建设的基石，对经济持续健康发展和社会大局稳定至关重要。

（一）加强法规制度建设

研究制定信用监督、管理和重点领域的法规制度。全面落实国家社会信用体系建设相关法律法规和《内蒙古自治区公共信用信息管理条例》，依法推进公共信用信息的归集、披露和使用，强化信用信息安全和主体权益保护。结合实施“八五”普法，深入开展普法宣讲，提高社会各界对社会信用体系建设工作的知晓度，切实营造尊法、学法、守法和用法的浓厚社会氛围。建立健全检查考核制度，确保法律法规执行到位。鼓励有条件的地区出台社会信用体系建设的地方性法规。

相关链接

国家“十四五”规划关于健全信用法律法规和标准体系的指导意见

国家“十四五”规划第二十章第四节“健全社会信用体系”提出，建立健全信用法律法规和标准体系，制定公共信用信息目录和失信惩戒措施清单，完善失信主体信用修复机制。推广信用承诺制度。加强信用信息归集、共享、公开和应用，推广惠民便企信用产品与服务。建立公共信用信息和金融信息的共享整合机制。培育具有国际竞争力的企业征信机构和信用评级机构，加强征信监管，推动信用服务市场健康发展。加强信用信息安全管理，保障信用主体合法权益。建立健全政府失信责任追究制度。

（二）建立完善政策体系

依法依规制定《内蒙古自治区公共信用信息目录》和《内蒙古自治区守信激励和失信惩戒措施清单》，全量归集公共信用信息，全面落实信用奖惩措施。建立健全信用信息归集质量考核制度，提高信用信息合规率。完善行业信用评价和监管制度，构建贯穿市场主体全生命周期，衔接事前、事中、事后全监管环节的新型监管机制，推动行业信用监管增量扩面，力争实现重点行业信用监管全覆盖。拓展信用信息在行政管理事项中的应用，建立信用记录和信用报告应用清单，将公共信用信息作为投资项目审批、公共资源分配、公共事务管理等事项的重要参考。

知识链接

公共信用信息

《内蒙古自治区公共信用信息管理条例》所称公共信用信息，是指国家机关、法律法规授权的具有管理公共事务职能的组织在依法履行职责、提供公共服务过程中产生或者获取的可以识别、分析、判断具有完全民事行为能力的自然人、法人和非法人组织（以下简称信息主体）信用状况的客观数据和资料。公共信用信息的归集、披露、应用及其管理和服务活动，应当遵循合法、安全、客观、真实、准确、及时的原则。

公共信用信息记录、归集、共享是社会信用体系建设的基础工程，是促进信用信息跨部门跨区域共享共用的前提条件，也是深化“放管服”改革、优化营商环境、推进社会治理体系和治理能力现代化的重要支撑。

（三）健全标准规范

建立自治区公共信用信息目录标准和信息分类标准，完善信用信息共享标准、信息安全技术标准、数据质量校验标准，健全基础性公共信用产品规范、信用异议和信用修复流程服务规范，全面提升社会信用体系建设工作的标准化、规范化水平。充分发挥自治区信用标准化专业机构的职能作用，组建全区信用标准化专家库，指导各地区各部门做好信用建设基础性标准、关键技术标准和重点应用标准的研制，推动行业信用标准有效实施。依托“信用中国（内蒙古）”网站和App、微信公众号、抖音官方号等媒介，开展信用标准的宣传和解读，依法依规向社会公开标准文本，扩大标准实施应用范围和影响。

在线问答

“信用修复”的流程是什么?

信用修复给你提供了一个改正错误，重新赢得他人信任的机会。当你因为某些不好的行为被列入“黑名单”或“重点关注名单”后，可以通过以下几个步骤来尝试修复你的信用。

提出申请：向信用管理部门提出修复申请，表示想要改正错误，并且请求重新评估个人信用。

发布信用承诺：公开承诺将来会遵守规定，按时履行义务。

接受信用培训：可能需要参加一些相关培训课程，提高信用管理能力，避免再犯同样的错误。

进行整改：需要在实际行动中展示个人整改情况，比如按时还款、遵守合同约定等。

监测整改效果：需要定期检查自己的信用状况，确保自身行为没有再次影响信用。

进行信用评价：经过一段时间的整改后，会收到新的信用评价。

审核和验收：如果整改效果好，信用评价也显示信用等级有了提升，那么申请将会经过一系列的审核和验收。

移除“黑名单”：如果最后一切都符合要求，那么你将被从“黑名单”或“重点关注名单”中移除，你的信用也将得到恢复。

二、探索信用体系建设新路径

（一）数字化赋能商务诚信建设

创新打造智能信用便民服务平台，为市场主体赋码，依托数字化手段扎实推进商务诚信建设。具体来说，就是收集和归纳市场主体的日常经营情况、投诉情况、纳税情况等信息，以及市场监管、城市管理等相关领域的监管信息，建立智能信用便民服务平台。平台利用大数据技术，把市场主体的信用状况分成优秀、良好、中等、差等不同等级，进而为其生成专属信用码。

打出“信用码”“亮码经营”及“信用地图”组合拳，让诚信经营成为市场主体的自觉行为，偷税漏税、走私贩私、制假贩假等违法的事情坚决不做，偷工减料、缺斤少两、质次价高的亏心事坚决不做。

典型案例

鄂尔多斯市康巴什区“码上治理”合力构建诚信建设数字平台

鄂尔多斯市康巴什区在推进城市发展过程中，创新打造“多多评·码上生活”综合智能便民服务平台，为个人、家庭、商户赋码，依托数字化手段扎实推进诚信体系建设。平台有“码上生活”“码上治理”“码上服务”“码上经济”“码上评价”5 个应用板块，全面覆盖行政管理、民生服务、疫情防控、商业经营等领域，建立起汇集广大市民和商户消

费行为、诚实守信等各类信息的大数据池，为康巴什区诚信建设数字化发展提供基础保障和平台支撑，为诚信兴商打造更优质的服务环境。

其中，“码上兴商”为康巴什区各类商业主体量身定制了专属的“商户码”，主要具有“我要联系”“我要上报”“我要点赞”3 个功能。通过“商户码”的推广应用，形成城市数字化治理新格局，为诚信兴商提供坚实保障。“码上消费”方面，康巴什区计划通过“多多评·码上生活”平台发放物质积分，居民可以在全区上千家餐饮、住宿、零售企业及个体工商户核销使用物质积分，物质积分抵现比例周末和节假日最高可达 30%。另外，平台结合商户品德积分指数、主管部门对商户诚信经营的评级，对高信用等级商户设置更高抵现比例，引导居民到高信用等级商户

消费，倒逼商户提升自身信用等级，为诚信兴商建立更优机制。

文章来源：信用中国网站（有改动）

（二）诚信典型引领共建“信用内蒙古”

以典型示范引领行业信用建设，引导社会资源支持诚信企业发展，进而优化营商环境，树立良好社会风气，扎实推进“信用内蒙古”建设。

依法依规多渠道开展诚信典型选树工作，建立

健全诚信典型选树长效机制。鼓励有关部门和社会组织在监管和服务中建立各类主体信用档案，向社会推介诚信典型。

充分发挥信用激励机制作用，落实对诚信典型的激励措施，推动各级政府部门在行政审批、资金项目安排、招商引资、公共资源分配、政府购买服务等领域为诚信典型提供优惠便利。支持银行、保险、信托和基金等金融机构创新“信易贷”工作模式，为诚信典型提供更加优惠的融资服务，不断提高诚信小微企业和个体工商户贷款覆盖率、可得性和便利度。引导信用服务机构根据诚信典型的需求和业务特点，提供专业化的信用服务。

借助广播、电视、报刊等传统媒体和微信、微博等社交媒体，抖音、快手等短视频平台，加大对诚信典型的宣传和推介力度，扩大诚信典型的社会知名度和影响力。组织领导干部、专家学者、执法骨干进学校课堂、企业商会、街道社区、媒体网络，开展对象化、分众化、互动化宣讲，结合打造“北疆文化”品牌，大力宣讲诚信典型事例、守信益处，增强诚信文化宣传实效性。积极搭建社会公众可广泛参与的平台，让每个人都能分享自己的“诚信故事”，以此推动“信用内蒙古”建设。

典型案例

“诚信经营”让巴彦淖尔市乐河公司不断实现跨越式发展

巴彦淖尔市乐河农产品购销有限责任公司主要从事农副产品购销、向日葵精深加工及对外贸易公共服务等业务。2019年，受国内籽仁行业原料收购价格全面上涨影响，如继续履约已经签订的国际订单，相关企业将面临巨大亏损。为此，很多企业不得不毁约，这不仅有损企业自身信誉，还破坏了中国籽仁产业在国际市场的形象。

在此情形之下，乐河公司坚持履约已签订的国际订单，按原定价格如期交付，同时还承接了许多出口企业违约的客户订单。这一举动不仅满足了客户的需求，解决了客户的燃眉之急，还极力挽回了中国企业在国际市场的声誉，提升了乐河公司在国内外市场的影响力及占有率，使乐河公司一跃成为内蒙古自治区籽仁出口行业中的领头羊。2021 年，乐河公司出口销售收入实现 20308.45 万元，创汇 3735 万美元，居内蒙古自治区籽仁出口行业首位。

未来，乐河公司将依托地区优势、特色资源，打造河套籽仁出口贸易与鲜食玉米生产加工两大基地：通过建设设施完善的现代化车间，促进自治区籽仁行业更加健康可持续发展；培育发展多元产业，依托鲜食玉米生产加工基地，吸引当地农户积极参与经营，带动当地农业、运输业、商贸业等相关产业发展。

文章来源：信用中国网站（有改动）

三、完善信用监管机制

（一）创新事前环节信用监管服务

健全信用承诺制，开展证明事项告知、审批替代、行业自律、主动公示、信用修复等类型信用承诺。按照“成熟一批、公布一批、实施一批”原则，动态梳理可用于信用承诺制的行政审批事项，为企业和群众提供更多更便利的“极简审批”服务，将承诺及履行情况纳入信用记录，对虚假承诺、不履行承诺的市场主体依法实施惩戒。深入推进信用查询制度建设，将信用查询嵌入部门业务系统和审批监管工作流程。依托各级各类政务服务窗口，持续加强市场主体准入前守法诚信教育。

（二）加强事中环节信用监管服务

充分应用信息主体信用记录和各类信用评价报告，准确评判市场主体信用状况，提升资源配置使用效率，以信用风险为导向优化配置监管资源。切实将“双随机、一公开”监管与信用等级相结合，在食品药品、工程建设、招标投标、安全生产、消防安全、医疗卫生、生态环保、价格、财政性资金使用等重点领域推进信用分级分类监管，提升监管精准性和有效性。

（三）完善事后环节信用监管服务

规范严重失信主体名单管理，做好审慎认定、告知提醒、帮扶整改、引导退出等工作。持续开展信用领域突出问题专项治理，推动严重失信主体纠正失信行为、履行法定义务、开展信用修复。畅通信用修复渠道，完善协同联动、一网通办、限时办结机制。

典型案例

额尔古纳市
创新举措 拓宽领域 纵深推进
全面构建新型监管机制

为进一步加强诚信政府建设，推进社会信用体系建设，额尔古纳市全面推进信用信息“双公示”工作，推动部门联合监管、联合惩戒，构建以信用为基础的新型监管机制，全面加强事前、事中、事后监管。

一、创新举措，加强信用事前监管

推行容缺受理型、行业自律型、信用修复型等各类信用承诺制，签署信用承诺书。积极协同各行业主管部门共享信用信息报告，结合工作实际，将其应用于招标投标、政府采购、行政许可等事项中。将公共信用综合评价结果共享给相关单位，督促各相关单位根据实际情况对公共信用综合评价结果加以应用。鼓励各相关单位通过“信用中国”“信用内蒙古”“信用呼伦贝尔”及国家企业信用信息公示系统等各种平台查询信用信息。

二、拓宽领域，强化信用事中监管

依托呼伦贝尔市信用信息共享平台及时、准确、全面记录市场主体的信用行为。对不同行业领域的市场主体进行守信失信分级分类，重点对税收征管、食品药品、劳动保障、医疗卫生、文化旅游等 10 个行业领域实施分级分类监管，根据风险等级和信用状况，采取差异化的监管措施和奖惩手段。对信用较好、风险较低的市场主体，合理降低抽查比例和频次；对违法失信、风险较高的市场主体，适当提高抽查比例和频次，依法依规实行严管。

三、纵深推进，深化信用事后监管

全面归集各类信用信息，通过全国信用信息共享平台实时录入“双公示”信息，并实时跟进错误数据，保证上传信息质量，推进信用信息共享。建立 5 类行政管理信息产生即上报工作机制，清理存量未报送的 5 类行政管理信息。依法依规实施信用奖惩，落实国家和自治区守信激励和失信惩戒措施清单，加大信用惩戒力度，建立信用惩戒机制。额尔古纳市人民法院在内蒙古自治区社会信用体系建设工作调度系统上公布失信被执行人，对规避执行的被执行人形成震慑，树立司法权威。持续开展拖欠农民工工资等问题治理工作。协助企业通过“信用中国”平台自主申请信用修复，公开异议申诉条件及流程。鼓励在社会保险、就业创业、教育、交通、旅游等领域为守信主体提供“免押金、减证明、减手续、降收费”等便利服务。

文章来源：信用中国网站（有改动）

四、提升信用服务经济质效

（一）夯实信用信息基础

实现各类主体信用信息全量归集。按照国家和自治区出台的公共信用信息目录，全量归集自然人、法人和非法人组织等各类信息主体的公共信用信息。全面归集自治区各级行政事业单位及公职人员的基础信息、增信信息、一般失信信息、严重失信信息、风险提示信息等五类公共信用信息。加强教师、律师、导游、医务人员、科研人员、注册消防工程师、会计人员、审计人员、房地产中介从业人员等重点人群信息归集力度。

扩大信用信息共享范围。进一步整合市场主体注册登记、行政许可、行政处罚、行政强制、行政确认、行政裁决、行政奖励、行政监督检查、司法判决及执行、严重失信等公共信用信息，不断提高数据准确性、完整性和及时性。以中小微企业、个体工商户融资需求为导向，在依法依规、确保信息安全的前提下，逐步将纳税信息、不动产信息、水电气费缴纳信息和科技研发信息等信息纳入共享范围，打破“数据壁垒”和“信息孤岛”。

强化信用信息应用。不断拓展信用信息应用场景，建立信用信息覆盖政府、市场、社会的多层次、多样化应用体系。落实在行政管理事项中查询使用信用信息相关制度，让信用信息在公共资源配置过程中发挥“防火墙”作用。大力推进信用信息在市场监管和社会治理等领域的应用，实现信用赋能，提高经济社会运行效率。

（二）优化信用服务

做好信用融资服务。充分用好全国中小企业融资综合信用服务平台内蒙古自治区节点，加快推进与自治区各地、各部门信用融资服务平台的互联互通。进一步加强公共信用信息和各类涉企信息共享整合，支持创新融资产品，优化金融服务，不断提高中小微企业贷款的覆盖率、可得性和便利度。探索建立中小微企业融资“线上公证”“线上担保”等服务机制，降低融资风险，提升金融机构服务中小微企业融资信心。

夯实资本市场信用建设基础。健全资本市场诚信档案，增强信用意识和契约精神。依法依规查处证券期货市场主体违法违规行为，压实相关主体信息披露责任，提升市场透明度。督促中介服务机构勤勉尽责，提升从业人员职业操守。严格执行强制退市制度，建立上市公司优胜劣汰的良性循环机制。畅通信访举报渠道，加强投资者权益保护，打造诚实守信的金融生态环境。

强化市场信用约束。充分发挥信用在金融风险识别、监测、管理、处置等环节的作用，建立健全“早发现、早预警、早处置”的风险防范化解机制。支持金融机构和征信、评级等机构运用大数据等技术加强跟踪监测预警，健全市场化的风险分担、缓释、补偿机制。坚持“严监管、零容忍”，依法从严从快从重查处欺诈发行、虚假陈述、操纵市场、内幕交易等重大违法案件，加大对侵占挪用基金财产行为的打击力度。健全债务违约处置机制，依法严惩逃废债行为。加强网络借贷领域失信惩戒。完善市场退出机制，对资不抵债失去清偿能力的企业，可依法进行破产重整或清算，探索建立企业强制退出制度。

培育专业信用服务机构。加快建立公共信用服务机构和市场化信用服务机构相互补充、信用信息基础服务与增值服务相辅相成的信用服务体系。在确保安全前提下，各地各部门以及公共信用服务机构依法开放数据，支持征信、评级、信用管理咨询等市场化信用服务机构发展。加强信用服务市场监管和行业自律，促进有序竞争，提升行业诚信水平。

在线问答

“信用服务机构”是什么?

信用服务机构是指依法设立，从事信用评级、信用管理咨询、信用风险控制等相关经营性活动的中介服务机构。根据业务性质划分，信用服务机构主要包括信用报告机构、信用调查机构、信用评级评估机构、信用咨询服务机构和信用管理培训机构等。

五、多措并举促进企业诚信经营

履约守信是贯穿市场经济发展始终的基本逻辑，也是市场经济运行的基本伦理。商务诚信建设是一项由政府推动，企业、消费者在内的多方主体广泛参与、协同共治的系统工程。各方应凝心聚力，努力打造更加规范守信的市场环境，促进经济的健康发展和社会的和谐稳定。

（一）以政务诚信带动企业诚信经营

政府公信力在社会信用体系建设中居于关键地

位。要加强政务诚信建设，通过彰显政府公信力，引导和带动整个社会诚实守信，推动企业诚信经营。政府部门及其工作人员必须以身作则、率先垂范，全面、正确履行政府职能，将法律法规关于企业监管的规定转化为实际治理效果。从某种程度上说，政府公信力表现为执法公信力。如果执法不严，一些企业违背诚信原则的违法行为长期得不到纠正和惩戒，就会出现守法者受损、违法者获利的情况，进而导致“破窗效应”。因此，政府部门必须克服懒政、庸政、怠政，勇于负责、敢于担当，对那些利欲熏心、逐利枉法的企业敢于亮剑，让其依法受到惩治、付出代价；对那些诚信经营的企业，可根据实际情况提供优惠便利服务。

（二）企业要将诚信经营作为安身立命之本

企业要行稳致远，就必须坚持依法诚信经营，牢记道德底线不可触碰、法律红线不可逾越，强化合规经营意识，自觉规范经营行为，大力弘扬工匠精神，将工匠精神融入品牌培育全过程、贯穿生产经营各环节，确保产品和服务符合甚至高于国家规定的质量标准，并主动提供及时有效的售后服务，全过程保障消费者的权益。应坚持诚信宣传，真实、准确、完整地宣介产品和服务，杜绝虚假宣传或误导消费者等行为。应加强企业文化建设，营造以诚实守信为荣的企业文化氛围，将诚信精神和文化进一步转化和落实到各项具体工作和制度中去，推动实现制度化、规范化、法治化，进而夯实经济领域的信用基础，为实现经济高质量发展提供强大的信用支撑。

（三）加强社会监督，促进企业诚信经营

消费者应坚持诚信消费，积极参与消费后评价，反馈真实消费感受，主动投诉、举报失信经营行为，同时避免虚假评价、恶意退货等不良行为。

消费者协会及行业协会商会作为对市场主体进行规制、约束、管理的重要组织形式，在监督企业经营方面具有专业性强、成本低、反应快捷、易被市场主体接受等优势，是推动企业诚信经营的重要

力量。消费者协会和其他消费者组织应积极发挥保护消费者合法权益、监督企业诚信经营的作用，推动各类评价及投诉信息纳入企业信用评价，进而建立健全消费领域信用体系。行业协会商会应担负起企业诚信建设的重要责任，不断完善相关行业市场主体的自律规范、自律公约，建立健全行业的信用评价、激励和惩戒机制，促进企业诚信经营。

此外，还可以发挥市场专业化服务组织对企业诚信经营的监督作用，支持会计师事务所、税务师事务所、律师事务所、资产评估机构等依法对企业财务、纳税情况及实缴资本、交易行为等的真实性、合法性进行鉴证，依法对企业信息披露进行核查把关。新闻媒体也应发挥舆论监督作用，宣传诚信经营的正面典型，曝光违法经营的不良企业，营造诚实守信的良好氛围。

在线问答

如何理解“行业协会商会在社会信用体系建设中的关键作用”？

社会信用体系是一个全体社会成员共建共享的社会治理体系。行业协会商会既有社会成员的一般属性，又是同行业企业自愿组成的特殊社会组织；既是自身信用建设的主体，也是行业信用建设的组织者、引领者和推动者。

1 行业协会商会是社会信用体系建设的重要对象

行业协会商会是一种区别于政府和企业的社会组织，是联系政府与广大企业的桥梁，具有广泛的代表性和社会影响力。通过建立健全现代法人治理结构和运行机制、建立信息公开制度、向社会作出信用承诺等，加强行业协会商会自身信用建设，做到诚信履职、诚信服务，是社会信用体系建设题中应有之义和重要内容，对其他社会成员的信用建设也具有很强的示范带动效应。

2 行业协会商会是推动社会信用体系建设的中坚力量

据民政部统计，全国现拥有行业协会商会 7 万多个，基本形成了覆盖国民经济各门类、各层次的行业协会商会体系。行业协会商会普遍采用会员制，目前联系的入会企业有 2000 多万家，覆盖了全国 80% 以上的企业。以行业协会商会为中枢，推进行业信用体系建设，有利于扩大社会信用体系建设的覆盖面。

3 行业协会商会担负着推进行业信用建设的主体责任

行业协会商会是自治性组织，维护行业生产经营秩序是其基本职责。行业信用建设的本质就是行业协会商会组织企业制定并监督执行行业信用承诺、规范和标准的自律性质的活动。这就决定了行业协会商会抓行业信用建设是职责所在、使命所系。同时，行业协会商会最大的优势是熟悉行业、贴近企业，能够根据行业生产经营特点制定行业信用建设规范和标准。因此，由行业协会商会来组织推进行业信用建设是完全可行和可靠的。

经验分享

包头市公共资源交易中心
推行“信易＋投标保证金”政策举措 助力高质量发展

包头市为有效降低市场主体特别是中小微投标企业交易成本，积极打造“包你满意”一流营商环境。按照国家、自治区和包头市关于开展“信易＋”守信激励工作的部署要求，包头市公共资源交易中心积极谋划、主动作为，从法律及政策层面深入研究、强化应用，立足工作实际，建立健全信用承诺制度，探索创新服务模式，在全市公共资源交易领域推行“信易＋投标保证金”政策举措，助力公共资源交易事业及信用体系建设高质量发展。

1 出台利企政策，激发企业活力

包头市积极落实《国家发展改革委等部门关于完善招标投标交易担保制度进一步降低招标投标交易成本的通知》要求，出台了《包头市人民政府办公室关于分类减免政府投资项目投标保证金的通知》，明确对进入包头市公共资源交易平台、依法必须招标的工程建设项目，属于政府投资的勘察、设计、监理、全过程咨询工程技术服务类项目和非工程技术服务类项目（施工）且单项合同估算价在 1000 万元及以下的项目，免缴投标保证金。包头市公共资源交易中心制定并印发《“信易 +”守信激励工作实施方案》，明确对进入包头市公共资源交易平台、依法必须招标的房建市政、交通、水利项目落实“信易 + 投标保证金”守信激励措施。

2 强化信用管理，提升服务质效

分类减免政府投资项目投标保证金目的是降成本、激活力，前提是企业应具备良好的信誉。政策明确指出，投标人在参与投标时，须根据招标文件约定提供《投标人免缴投标保证金信用承诺函》。在落实免缴投标保证金政策的同时，要求招标代理机构在招标文件编制环节严格落实相关要求，并将落实情况纳入代理机构信用考评，倒逼服务质效提升，促使交易主体在公共资源交易活动中诚信履职。

3 强化改革引领，助力企业发展

初步估算，实行分类减免政府投资项目投标保证金政策后，将为占投标企业总量 90% 的中小微企业每年减负近 1.5 亿元，可以更好地为广大中小微企业纾困解难，提振市场主体信心，激发市场活力。

包头市公共资源交易中心分类减免政府投资项目投标保证金已被内蒙古自治区公共资源交易中心列为工程建设投标保证金领域改革试点。“信易 + 投标保证金”举措的实施，切实减轻了市场主体负担，真正实现了“信用可抵钱、投标不花钱”，对于降低制度性交易成本、提升企业参与投标积极性、推进市场诚信体系建设、营造良好营商环境发挥了积极作用，有效促进了招标投标市场健康有序发展。

文章来源：信用中国网站（有改动）

延伸阅读

1.《内蒙古自治区关于构建诚信建设长效机制全面推进社会信用体系建设高质量发展的实施意见》。

2.《内蒙古自治区诚信典型企业选树管理办法》。

后　记

深入贯彻落实党的二十大精神，在全面建设社会主义现代化国家新征程上奋力谱写内蒙古发展新篇章，需要营造良好社会氛围。通过推动“一个加强、四个提升”，使全区社会信用环境持续改善，全民讲诚信、重诚信、守诚信的氛围更加浓厚，进一步把内蒙古的正面形象立起来，夯实高质量发展的信用基石，对于全面构建与自治区高质量发展相适应的社会信用体系，持续优化全区营商环境和信用环境，具有十分重要的意义。

本书在编写过程中，得到了自治区有关部门和部分单位负责同志以及专家学者的大力支持。内蒙古工业大学、内蒙古财经大学、内蒙古警察职业学院、内蒙古鸿德文理学院等牵头负责相关章节的编写工作。自治区党委政法委员会、自治区政府办公厅、自治区发展和改革委员会、自治区公安厅、自治区司法厅、自治区商务厅、自治区市场监督管理局、自治区政务服务与数据管理局、自治区高级人民法院、自治区人民检察院、自治区工商联等提出了宝贵意见。

参加本书编写工作的有（按照政务诚信篇、商务诚信篇、社会诚信篇、司法公信篇排序）：迟占霞、杨宇烨、唐雅娟，段翀、贾秀敏，霍小菲、道日娜、李漠颖，罗威丽、康恩涛。内蒙古警察职业学院院长李永林、内蒙古社科院原院长李春林对本书编写提出了宝贵意见。

符雷同志主持了本书的编写工作。王晓平、王虎审改了全部书稿。布和、李莉、杜婧、张铭同志参与了起草、修改和统稿工作。王静、王曼、董丽娟、蔺小英、孙红梅、刘那日苏、吉雅负责书稿的编辑、排版工作。

由于编者水平有限，书中难免存在不足之处，恳请读者批评指正。

本书编写组

2024 年 3 月